Colette Portelance

Das kleine Übungsheft

Seelische Wunden verstehen

Aus dem Französischen von
Claudia Seele-Nyima

Illustrationen von Jean Augagneur

TRINITY

Colette Portelance, kanadische Erziehungswissenschaftlerin und Therapeutin, begleitet in ihrer Arbeit seit Jahrzehnten Menschen bei der Bewältigung und Überwindung ihrer psychischen Probleme. Dabei plädiert sie für eine ganzheitliche Betrachtung seelischer Wunden und zwischenmenschlicher Beziehungen. Die Autorin gründete zwei Ausbildungszentren und ist Verfasserin zahlreicher Bücher rund um die Themen Loslassen, innere Heilung und Erziehung. In der Reihe »Das kleine Übungsheft« erschien von ihr 2014 »Seelische Wunden heilen«.

Die Originalausgabe ist erstmals 2013 bei Éditions Jouvence erschienen.
Titel der französischen Originalausgabe: Petit cahier d'exercices pour identifier les blessures du coeur

Chemin du Guillon 20, Case 184, CH-1233 Bernex.
www.editions-jouvence.com,
info@editions-jouvence.com

Umschlaggestaltung: Guter Punkt, München
Satz: Kerstin Duben, München
Druck und Bindung: Pustet, Regensburg
ISBN 978-3-95550-137-2

www.die-kleinen-uebungshefte.de

Die seelische Wunde

In der Regel ist körperlicher Schmerz im Vergleich zu psychischem Leid gesellschaftlich eher akzeptiert. Dafür spricht die Tatsache, dass die meisten von uns häufiger Hilfe bei Ärzten und Heilpraktikern suchen als bei Psychotherapeuten. Dennoch: Unser emotionales Leid ist deswegen nicht weniger real. Es fällt uns jedoch schwerer, es zu akzeptieren, daher neigen wir dazu, es lieber zu verdrängen, statt hinzuhören und es bewusst wahrzunehmen. Infolgedessen kennen wir oft unser eigenes Innenleben nicht. Das wiederum führt dazu, dass unser Inneres uns in unseren Handlungen, Entscheidungen und Reaktionen beeinflusst, ohne dass wir es bemerken. So leiden wir stillschweigend und unsere seelischen Wunden vergrößern sich mit jedem Tag, den sie nicht wahrgenommen und erkannt werden.

Wie aber können wir unsere psychischen Verletzungen in diesem Magma schwer durchdringbarer innerer Wirren erkennen? Eben weil sie ein komplexes Ganzes in unserer Psyche bilden, ist es nötig, dass wir jede einzelne von ihnen klar und rational identifizieren und erkennen, in welcher Form sie unser Leben bestimmen, denn erst dann lassen sich Mittel und Wege finden, ihnen Linderung zu verschaffen. Dieses kleine Übungsheft möchte Sie dabei unterstützen, sich bewusst zu werden, an welchen seelischen Wunden Sie leiden und wo deren Ursachen liegen, um so ein tieferes Verständnis für sie zu entwickeln. Denn nur wenn wir unser psychisches Leid verstehen, können

wir herausfinden, wo wir ansetzen müssen, um Heilung zu finden.

Als ersten Schritt auf dem Weg zu einem besseren Verständnis Ihrer seelischen Wunden wollen wir uns zunächst einmal ansehen, wodurch sie verursacht wurden und welche Merkmale sie haben.

Die Ursachen seelischer Wunden

Wenn dieses kleine Übungsheft über emotionale Verletzungen Ihr Interesse geweckt hat, dann sind auch Sie vielleicht von einer oder mehreren seelischen Wunden betroffen. Falls dem so ist: Wissen Sie, was es war, das Sie früher psychisch verletzt hat? Kreuzen Sie im Folgenden an, welche Ursache(n) Ihrer Meinung nach Ihren emotionalen Wunden zugrundeliegen.

- ❑ Demütigung
- ❑ Verlassenwerden bzw. Vernachlässigung, Ablehnung oder Ausgrenzung
- ❑ Vertrauensbruch
- ❑ Beherrscht- bzw. Kontrolliertwerden, Vereinnahmung, Manipulation, Einschüchterung
- ❑ Erzeugen von Schuldgefühlen
- ❑ Abwertung, fehlende Wertschätzung oder Gleichgültigkeit
- ❑ Vergleichen bzw. Verglichenwerden (für »geringer« bzw. »unterlegen« oder »besser« bzw. »überlegen« erklärt werden)

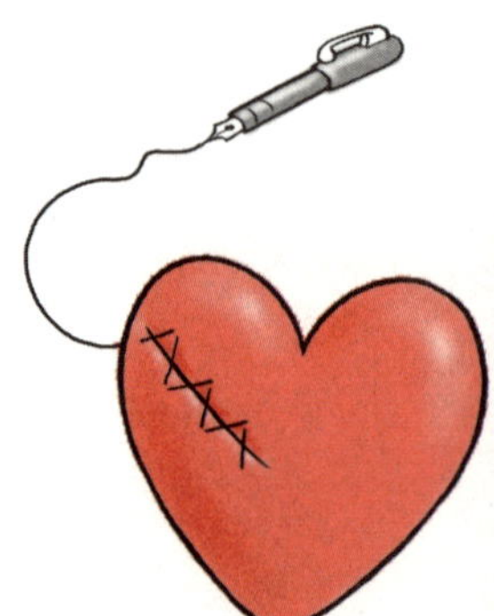

Ich empfehle Ihnen, sich für die weitere Lektüre dieses kleinen Übungshefts ein Tagebuch anzuschaffen und alle folgenden Übungen zu vertiefen, indem Sie sich schriftliche Notizen machen.

Definition

Bevor wir den Begriff »Wunde« (oder »Verletzung«) definieren und näher auf all diejenigen eingehen, deren Ursachen wir gerade aufgezählt haben, schreiben Sie spontan auf, was Sie unter einer seelischen Wunde, einer emotionalen Verletzung verstehen.

....

....

....

....

....

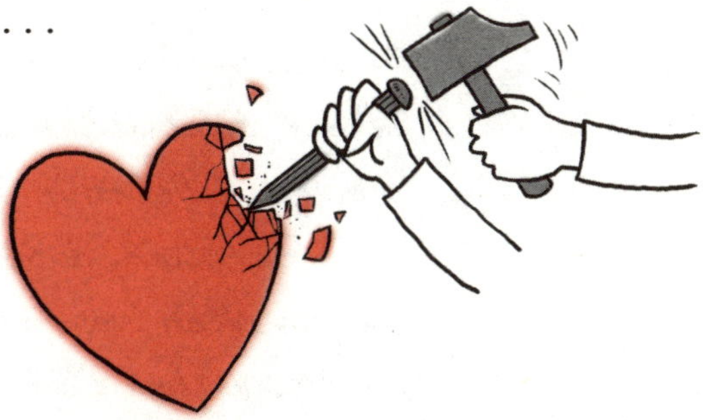

Eine Wunde ist eine schwerwiegende Schädigung, die in der Vergangenheit erlitten wurde und eine Veränderung in der Struktur eines Teils der Psyche bewirkte. Zu dieser Schädigung kam es nach einem emotionalen Trauma, hervorgerufen entweder durch einen einmaligen starken emotionalen Schock oder durch über lange Zeit immer wiederkehrende kleine Schocks, die tiefe Spuren hinterlassen haben.

Lesen Sie diese Definition noch einmal, unterstreichen Sie die Worte oder Wortgruppen, die Sie am prägnantesten finden, und schreiben Sie sie hier auf:

....

....

....

....

Tatsächlich wurden die emotionalen Schocks, die Ihre Verletzungen verursachten, von einem oder mehreren einschneidenden Erlebnissen früher in Ihrem Leben ausgelöst. Diese Ereignisse ließen in Ihnen eine Fülle an Leidgefühlen aufkommen, so stark, dass die Schwelle dessen, was Ihre Psyche auszuhalten vermochte, überschritten wurde. In diesem unerträglichen Leid hätten Sie durchaus in den Abgrund einer schweren Depression oder einer Psychose mit dem Wunsch, ihrem Leben ein Ende zu setzen, stürzen können, was Sie jedoch nicht taten. Ihr Lebensdrang war ausgeprägter als eventuelle Suizidgedanken und darum haben Sie sich – unbewusst und ganz natürlich – dafür entschieden, sich zu verteidigen, um Ihren Schmerz zu überleben. Das ändert jedoch nichts daran, dass Ihre Psyche durch die erlittenen Verletzungen zutiefst geschädigt wurde und immer noch die Narben trägt.

Denken Sie sich zum Veranschaulichen dieses Phänomens eine Form aus, die Ihre Psyche darstellt (z.B. ein Herz, ein Haus oder eine Pflanze). Stellen Sie sich vor, wie diese Form vor und nach der Verletzung aussieht, und drücken Sie beide Versionen zeichnerisch aus.

VORHER

NACHHER

Aus dem bisher Gesagten ist Ihnen klar geworden, dass eine seelische Wunde sehr viel mehr bedeutet als ein diffuses Unbehagen oder ein unangenehmes Gefühl. Als Folge eines Traumas in Ihrer Kindheit, Jugend oder sogar im Erwachsenenalter hat sie Ihnen im übertragenen Sinne »das Herz gebrochen«. Die Narbe, die sie in Ihnen hinterlassen hat, beeinflusst heute erheblich Ihr Verhalten und Ihr Gefühlsleben.

Rufen Sie sich in Erinnerung, welche Ereignisse in Ihrer Kindheit, Jugend oder im Erwachsenenalter Sie tief verletzt haben.

....

....

....

....

....

....

....

....

....

....

....

....

Welches dieser leidvollen Erlebnisse beeinflusst Ihr derzeitiges Gefühlsleben Ihrem Empfinden nach am meisten?

....

....

....

....

Wie äußert sich dieser Einfluss?

....

....

....

....

Überlebensmechanismen

Damit Sie nachvollziehen können, was es auf sich hat mit dem ganz natürlichen Phänomen des defensiven Verhaltens, das Sie sich angeeignet haben, um das Leid Ihres Traumas bzw. Ihrer Traumata zu überstehen, betrachten Sie sich selbst noch einmal als Kind, Jugendliche(r) oder junge(r) Erwachsene(r). Rufen Sie sich Situationen in Erinnerung, in denen Ihre Psyche durch schier unerträgliche Gefühle sehr stark belastet wurde – Gefühle, die durch Verlassenwerden, Ablehnung, Demütigung, Vergleiche, Vertrauensbruch, das Erzeugen von Schuldgefühlen, Gleichgültigkeit oder mangelndes Verständnis hervorgerufen wurden. Um Ihr Leid aushalten zu können, haben Sie instinktiv mit einem Verteidigungsmechanismus reagiert, den Sie gegen sich selbst oder gegen den Verursacher Ihres Leids gewendet haben. Anders ausgedrückt: Sie haben das Leid entweder in Ihrem Inneren »bekämpft«, durch Verdrängung, Selbstbestrafung, Resignation, Unterwürfigkeit, Klagen, oder aber Sie haben es nach außen getragen und haben Ihrem Zorn, Ihrem Hass

und Ihrer Verzweiflung durch Schreien, Auflehnung, Provokation, Konfrontation, Revolte, verbale oder sogar physische Gewalt Ausdruck verliehen.

Stellen Sie Ihre verletzte Psyche dar, indem Sie das zeichnen, was Ihrem Eindruck nach in der Vergangenheit Ihr Mittel zum Überleben war. Haben Sie Ihr Leiden nach innen gekehrt, haben also die Intensität Ihrer emotionalen Belastungen in sich verschlossen gehalten? Oder sind Sie »explodiert« und haben die machtvolle Energie, die in Ihren Gefühlen enthalten war, nach außen abgeleitet?

Und wenn Sie heute tief verletzt sind, reagieren Sie dann, indem Sie Ihr Leid nach innen wenden oder nach außen ausdrücken?

....

....

....

....

Welche Mechanismen setzen Sie dabei ein?

....

....

....

Es gibt keine richtigen oder falschen Reaktionen auf Leiden. Welche Verteidigungsmechanismen auch immer Sie haben, nehmen Sie sie an, ohne sie zu verurteilen, denn sie haben bis heute Ihr Überleben gewährleistet. Denken Sie aber gleichzeitig daran, dass Sie selbst der Mensch sind, dem Ihre Verteidigungsreaktionen jetzt am meisten schaden, und zwar unabhängig davon, ob diese gegen Sie selbst oder gegen Ihre Umgebung gerichtet sind.

Daher ist es ein wichtiger Schritt, unsere Verteidigungsmuster zu identifizieren, anzunehmen und sich mit den ihnen zugrunde liegenden Gefühlen, Bedürfnissen und Verletzungen zu befassen.

Eine der häufigsten Verteidigungsreaktionen, wenn wir verletzt werden, ist jenes Leiden, das wir uns fast alle irgendwann einmal in unserem Leben zugezogen haben: die Opferhaltung.

Die Opferrolle

Ein Opfer ist jemand, der andere für seine Nöte, Niederlagen, unbefriedigten Bedürfnisse und Enttäuschungen verantwortlich macht. Als spontane Reaktion auf eine Verletzung zunächst in die Opferrolle zu verfallen, ist ganz normal. Dennoch ist es fundamental wichtig, dass Ihnen dieser Verteidigungsmechanismus bewusst wird, damit Sie nicht zu lange in Klagen über Ihre Eltern und andere Bezugspersonen verharren, denn sonst bleiben Sie ohnmächtige Sklaven Ihrer Vergangenheit.

Schreiben Sie 5 Worte mit negativer Konnotation auf, die Sie mit dem Wort »Opfer« verbinden.

....

....

....

....

....

Ersetzen Sie jedes dieser Worte durch einen Gegenbegriff, der für Sie einen positiven Beiklang hat.

....

....

....

....

Zeichnen Sie 2 Gesichter: das eines Opfers und das eines resilienten Menschen, also einer Person, die über psychische Widerstandskraft verfügt und gut mit Krisen fertig wird.

OPFER

RESILIENTER MENSCH

Geben Sie an, worin jedes der beiden Gesichter Ihnen ähnlich ist.

Das Opfer:

....

....

....

Der resiliente Mensch:

....

....

....

....

Wir alle wechseln von einem Gesicht zum anderen, wenn unsere Wunden von denen, die wir lieben, wieder aufgerissen werden, denn an einmal verwundeten Stellen bleiben wir besonders verletzlich.

Die verwundete Seele ist verletzlich

Vergessen Sie nicht: Wenn Ihre Psyche verletzt wurde, bleibt sie danach sehr empfindlich. Schon die kleinste Berührung lässt die Wunde und das Leid der Vergangenheit wiederaufleben, weil Sie Ihre Gefühle in dem Moment, in dem das Leid ursprünglich ausgelöst wurde, verdrängt haben.

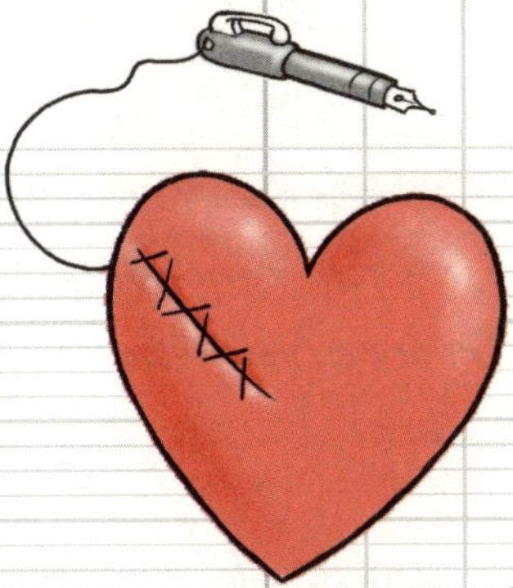

Ihre verletzten Zonen sind also nicht verheilte Wunden, die jedes Mal wieder aufbrechen, wenn ein aktueller Auslöser Ihrem unterbewussten Gedächtnis den heftigen Schmerz wieder in Erinnerung ruft, der früher durch ähnliche Auslöser verursacht wurde.

Woher wissen Sie, ob Sie von einer emotionalen Verletzung betroffen sind?

Nehmen wir das Beispiel eines Paares. Nennen wir den Mann Stefan und die Frau Marie. Stefan ist, so wollen wir annehmen, von einer Verletzung durch Verlassenwerden bzw. Vernachlässigung betroffen, Marie nicht. Dasselbe Ereignis, zum Beispiel ein vergessener Geburtstag, hat dadurch auf beide jeweils eine andere Wirkung. Für Stefan wird es wahrscheinlich eine dramatische, zutiefst leidvolle Erfahrung sein, während Marie vielleicht enttäuscht und ein wenig bekümmert ist, ohne sich jedoch verlassen oder gar traumatisiert zu fühlen.

Heißt das nun, dass Stefan unnormal reagiert und Marie normal? Ganz und gar nicht.

Beide reagieren jeweils entsprechend den Erfahrungen, die sie in der Vergangenheit mit Vernachlässigung gemacht haben. Stefan ist von dieser Verletzung zutiefst gezeichnet, Marie hingegen nicht. Das bedeutet:

In einer Beziehung ist es günstig, die eigenen Verletzungen und die des Partners/der Partnerin zu kennen, um die Reaktionen besser zu verstehen, Unterschiede zu respektieren und aufrichtiger zu kommunizieren.

Wenn Sie in einer Beziehung leben, nennen Sie ein Beispiel für eine Situation, in der Sie und Ihr(e) Partner(in) auf denselben Auslöser unterschiedlich reagieren. Haben Sie keine(n) Partner(in), dann wählen Sie stattdessen eine Person, die Ihnen emotional nahesteht.

Das auslösende Ereignis:

....

....

Die Reaktion Ihres Partners/Ihrer Partnerin:

....

....

Ihre Reaktion:

....

....

Dasselbe Phänomen macht sich bei allen seelischen Wunden bemerkbar. Um herauszufinden, ob Sie von einer dieser Wunden beeinträchtigt werden, denken Sie an ein gegenwärtiges oder vergangenes Beziehungsereignis, das Sie momentan beschäftigt und leidvoll für Sie ist. Wenn Sie durch eine emotionale Wunde geschädigt sind, werden Sie das eine oder andere der folgenden Symptome bei sich feststellen (kreuzen Sie diejenigen an, die auf Sie zutreffen):

- ❑ Sie empfinden tiefes, sogar unerträgliches Leid.
- ❑ Das Leid nimmt Ihnen einen Großteil Ihrer Energie.
- ❑ Es beraubt Sie Ihrer Fähigkeit, den Auslöser Ihres Leidens zu lieben.
- ❑ Das Leid beschäftigt Ihre Gedanken so sehr, dass es fast schon einer Obsession gleichkommt.
- ❑ Es besteht fort, obwohl Sie sich davon befreien wollen.
- ❑ Es beeinträchtigt Ihre Urteilsfähigkeit.
- ❑ Es zieht Sie in einen Zustand der Niedergeschlagenheit, der Melancholie, sogar der Depression hinein.
- ❑ Es verwirrt Sie, macht Sie pessimistisch und hilflos.
- ❑ Es bewirkt, dass Sie auf eine Art und Weise reagieren, die Sie unangemessen finden.
- ❑ Es ist so intensiv, dass Sie es nicht mehr spüren.

Erkennen Sie an sich einige oder sogar alle der obigen Symptome? Dann haben Sie eine oder mehrere seelische Wunden. Sollten Sie beim Lesen der Merkmale der einzelnen Wunden feststellen, dass Sie von den meisten oder gar allen betroffen sind, dann ist das jedoch kein Grund, niedergeschlagen zu sein, denn: Gemäß dem Gesetz der Homöostase ist unsere Psyche dahingehend angelegt, dass sie stets einen Gleichgewichtszustand aufrechterhalten bzw. ihn wiederherstellen will. Und das heißt: Je mehr Verletzungen Sie haben, umso mehr Ressourcen haben Sie auch, um gelassen und friedvoll damit umzugehen.

Erkennen Ihrer Verletzungen

Damit Sie die seelischen Wunden, die Sie aufwühlen und aus dem Gleichgewicht bringen, erkennen und verstehen können, werde ich im Folgenden die jeweiligen Merkmale und Ursachen aufzählen, durch die sie entstanden sind. Kreuzen Sie diejenigen an, die auf Sie zutreffen. Wenn Sie sich wirklich vom Leid Ihrer vergangenen Traumata befreien wollen, dann seien Sie vor allem ehrlich zu sich selbst. Dazu gehört auch, sich immer wieder zu fragen, welche Rolle man wählen möchte: die des Opfers oder die des resilienten Menschen, der sich darum kümmert, seine Verletzung zu heilen. Sie haben es selbst in der Hand, wie Sie mit Ihren seelischen Wunden umgehen.

Die Wunde des Verlassenwerdens, der Ablehnung oder Ausgrenzung

1. Merkmale

Die betroffene Person …

- ❑ meint, sie sei es nicht wert, geliebt zu werden.
- ❑ denkt, ihr fehle etwas Wichtiges, um Liebe zu verdienen.
- ❑ zweifelt an der Liebe der anderen.
- ❑ liebt sich selbst nicht.
- ❑ ist nahezu ständig von einem Gefühl der Verunsicherung erfüllt.
- ❑ lebt nur durch die Liebe, die andere ihr entgegenbringen.
- ❑ ist glücklich, wenn sie sich geliebt fühlt.
- ❑ ist zutiefst erschüttert, wenn sie sich nicht geliebt fühlt oder fürchtet, Liebe zu verlieren.
- ❑ kann Liebe, die ihr entgegengebracht wird, nicht ohne Weiteres annehmen, weil sie glaubt, diese nicht zu verdienen; dadurch bleibt aber ihr Wunsch nach Liebe immer unbefriedigt.
- ❑ kann sich selbst nicht wertschätzen.
- ❑ lässt sich mitunter vereinnahmen, manipulieren, sogar missbrauchen, um die Liebe nicht zu verlieren.
- ❑ wagt nicht, Grenzen zu setzen, oder sie setzt einengende Grenzen.

- spürt ihre eigenen Bedürfnisse nicht, weil sie von der Angst, abgelehnt oder ausgegrenzt zu werden, geleitet wird.
- verschließt sich oder schmollt, um ihren Partner zu bestrafen.
- verhält sich anklagend, hinterfragend, vereinnahmend, um sich selbst ein Gefühl der Sicherheit zu vermitteln.
- entstellt die Realität durch Dinge, die sie sich einbildet.
- ist übertrieben großzügig mit dem unbewussten Ziel, dass der geliebte Mensch von ihr abhängig wird und sich zu Dank verpflichtet fühlt.
- neigt dazu, aus Beziehungen zu fliehen, aus Angst, selbst verlassen zu werden.
- erwartet und fordert viel von denjenigen, die sie liebt.
- hat fortwährend das Bedürfnis, bestärkt und beruhigt zu werden.

2. Ursachen

Vorsicht! Die Tatsache, dass Sie die Ursachen Ihrer emotionalen Wunden kennen, darf Sie nicht dazu verleiten, ...

- sich zum Opfer zu machen.
- die Vergangenheit nicht wahrhaben zu wollen.
- anzunehmen, Ihr Problem sei schon dadurch gelöst, dass Sie es »KENNEN«.

Allein für sich genommen ist dieses Wissen, solange es ausschließlich auf der Verstandesebene bleibt und nicht integriert wird, für die Linderung emotionaler Wunden nutzlos.

Wozu ist es wichtig, die Ursachen Ihrer Verletzungen zu kennen?

a) Damit Sie Ihre unbefriedigenden Denk- und Verhaltensweisen, Ihre Wiederholungs- und Ihre dysfunktionalen Beziehungsmuster verstehen und sie transformieren können.

b) Damit Sie dadurch, dass Sie an sich selbst arbeiten, innerlich wachsen.

c) Damit Sie die Herrschaft über Ihr Leben wiedererlangen, um sowohl auf der persönlichen als auch auf der Beziehungsebene sinnvolle Änderungen herbeiführen zu können.

Falls Sie von dieser Verletzung betroffen sind, kreuzen Sie unten an, was diese Wunde bei Ihnen möglicherweise verursacht haben könnte:

- ❑ längere physische oder psychische Abwesenheit des Vaters und/oder der Mutter,
- ❑ chronische Krankheit eines Elternteils,
- ❑ vorzeitiger Tod eines Elternteils,
- ❑ Trennung oder Scheidung der Eltern, vor allem wenn viele Dinge unausgesprochen blieben, oder im Fall von Eltern-Kind-Entfremdung (EKE), d.h. von negativer Beeinflussung des Kindes in Bezug auf den nicht betreuenden Elternteil,
- ❑ Eltern, die zu sehr mit ihren eigenen Beziehungskonflikten beschäftigt sind,
- ❑ Eltern, die zu sehr auf sich selbst bezogen sind, um sich angemessen um ihr Kind zu kümmern,

- Erfahrung des Abgelehntwerdens vonseiten der Erziehungspersonen, zum »schwarzen Schaf« der Familie oder der Klasse abgestempelt werden,
- Bevorzugung, z.B. als Liebling der Familie oder des Lehrers, die zur Ablehnung vonseiten der Geschwister oder Schulkameraden führt,
- sonstige.

Nun, da Sie die Ursachen Ihrer Wunde des Verlassenwerdens bzw. der Ablehnung oder Ausgrenzung herausgefunden haben, können Sie sich entscheiden:

a) Sie können Ihr Wissen dazu benutzen, die Opferrolle einzunehmen, Ihr Leid zu hegen und es damit beständig wachzuhalten.

b) Sie können Ihre Erkenntnisse nutzen, um sich von Ihrer Vergangenheit zu befreien, Herr über Ihr Leben zu werden und stolz auf sich zu sein.

3. Weiterführende Gedanken zur Wunde des Verlassenwerdens

1. Rufen Sie sich eine Situation in Erinnerung, in der Sie verlassen, ignoriert, abgelehnt oder ausgeschlossen wurden (oder die Sie so interpretieren), die Ihnen wehgetan hat und von der Sie sich nicht befreit haben.

....

....

2. Mit wem hat sich das Erlebnis zugetragen?

....

....

....

3. Wann ist es passiert?

....

....

4. Welche Geste, Äußerung, Handlung oder Einstellung der anderen Person(en) hat Ihr Gefühl des Verlassenwerdens, der Zurückweisung oder der Ausgrenzung ausgelöst?

....

....

5. Was ging in diesem Moment in Ihnen vor?

....

....

6. Was geht jetzt in Ihnen vor, wenn Sie daran zurückdenken?

....

....

7. Wie haben Sie reagiert, als es passierte?

....

....

8. Was sind Ihre unerfüllten Bedürfnisse in Bezug auf die auslösende(n) Person(en)? (Liebe? Anerkennung? Sicherheit? Sich angenommen fühlen? Respekt?)

....

....

....

....

9. Wie können Sie sich um Ihre Bedürfnisse kümmern, ohne zu versuchen, auch nur das Geringste an der Person zu ändern, die Ihre Wunde des Verlassenwerdens, der Ablehnung oder der Ausgrenzung aufgerissen hat?

....

....

....

....

Die Wunde des Vergleichens

1. Merkmale

Ein Mensch, dem diese psychische Verletzung zugefügt wurde, …

- ❑ hält sich für minderwertig oder
- ❑ hält sich für überlegen oder
- ❑ wechselt zwischen Minderwertigkeits- und Überlegenheitsgefühlen hin und her.
- ❑ misst seinen Wert, indem er sich mit anderen vergleicht.

Wenn die betroffene Person sich überlegen fühlt, …

- ❑ will sie die Beste und Wichtigste sein, diejenige, die am meisten geliebt wird.
- ❑ versucht sie auf defensive Weise, andere zu übertreffen statt sich selbst zu übertreffen, und zwar in einem oder mehreren der folgenden Bereiche …
  - materielle Güter,
  - Schul-/Studienabschlüsse,
  - Karriere,
  - Wissen,
  - Aussehen,
  - sportliche, intellektuelle, zwischenmenschliche und praktische Fähigkeiten,

- Leistungen,
- usw.

- ❑ rivalisiert die Person oder wetteifert offen oder versteckt mit anderen.
- ❑ glaubt sie seit ihrer Kindheit oder Jugend, ihr Wert hinge von ihrer Fähigkeit ab, andere zu übertreffen.
- ❑ hat für sie Leistung höchste Priorität.
- ❑ hat sie das Bedürfnis, sich stets zu beweisen.
- ❑ ist sie zutiefst davon überzeugt, alles besser machen zu müssen als die anderen, um geliebt zu werden.
- ❑ mangelt ihr es entgegen dem äußeren Anschein an Selbstvertrauen.
- ❑ setzt sie Überlegenheit als Verteidigungsmechanismus ein, um ihr unbewusstes Minderwertigkeitsgefühl zu kaschieren.
- ❑ argumentiert sie, um recht zu behalten.
- ❑ bedient sie sich der Angeberei, Lüge oder Leugnung, um sich ins rechte Licht zu setzen.

Wenn sich die seelisch verwundete Person minderwertig fühlt, …

- ❑ hat sie stets das Gefühl, im Vergleich mit anderen schlecht abzuschneiden.
- ❑ zweifelt sie an ihren positiven Eigenschaften und Talenten.
- ❑ behauptet sie sich anderen gegenüber nicht, denn es fehlt ihr an Selbstvertrauen.
- ❑ konkurriert sie nicht, weil sie davon überzeugt ist, ohnehin zu verlieren.
- ❑ isoliert sie sich, schweigt, entzieht sich.
- ❑ spricht sie von sich selbst häufig negativ.

- ist sie von Verbitterung und Neid erfüllt.
- nutzt sie ihre Stärken und Talente nicht vollständig.
- fühlt sie sich den Anforderungen nie gewachsen.
- idealisiert sie mitunter bestimmte Menschen, was ihr Minderwertigkeitsgefühl weiter nährt.
- hat sie ein starkes Bedürfnis nach Anerkennung.

2. Ursachen

Ich glaube nicht, dass es irgendjemanden gibt, der im Leben nicht schon einmal die Erfahrung gemacht hat, wie verhängnisvoll sich Vergleichen auswirkt. In unserer Gesellschaft schätzen wir den Wert eines Menschen nur zu oft nach seinem Aussehen und seiner Leistung ein, ohne seine Herzensqualitäten, seine Stärken im zwischenmenschlichen Bereich und seine Fähigkeiten, sich Dinge zu eigen zu machen und sie zu integrieren, zu würdigen. Auch die Freude an der eigenen Weiterentwicklung und am Sich-selbst-Übertreffen wird zugunsten eines ausufernden Strebens, anderen überlegen zu sein, stark getrübt.

Kreuzen Sie die Aussage(n) an, die der Ursache Ihres Minderwertigkeits- oder Überlegenheitsgefühls entsprechen.

- ❑ Ein Elternteil hat dem Aussehen eine sehr große Bedeutung beigemessen.
- ❑ Ein Elternteil stellt für das Kind ein unerreichbares Vollkommenheitsideal dar.
- ❑ Ein Elternteil weiß anscheinend alles und gibt seine Irrtümer nicht zu.

- ❑ Ein Elternteil vergleicht seine Kinder miteinander oder mit einem Cousin, einem Spielgefährten oder einem Nachbarskind, zugunsten oder zuungunsten der eigenen Kinder.
- ❑ Ein Lehrer oder Sporttrainer vergleicht Schüler oder Spieler miteinander – zum Positiven oder zum Negativen.
- ❑ Ein Elternteil erwartet von seinen Kindern, dass sie Glanzleistungen vollbringen und stets die Besten sind, und interessiert sich nicht oder kaum dafür, was sie durchleben und empfinden und wie sie in Wirklichkeit sind.
- ❑ sonstiges

*Nun, da Sie die Ursache(n) Ihrer Wunde kennen, wofür entscheiden Sie sich: Werden Sie sich damit auseinandersetzen, indem Sie die **Opferrolle** einnehmen oder indem Sie sich als **resilienter** Mensch zeigen?*

3. Weiterführende Gedanken zur Wunde des Vergleichens

1. Nennen Sie Personen, denen Sie sich überlegen fühlen.

....

....

Inwiefern fühlen Sie sich ihnen überlegen?

....

....

Wie äußert sich Ihre Überlegenheit in Gegenwart dieser Personen?

....

....

2. Nennen Sie Personen, denen Sie sich unterlegen fühlen.

....

....

Worin fühlen Sie sich ihnen unterlegen?

....

....

Wie äußert sich Ihre Unterlegenheit in Gegenwart dieser Personen?

....

....

3. Zu welchem Verhalten neigen Sie gegenüber einem Menschen, von dem Sie meinen, er sei Ihnen überlegen: sich herausstellen, rühmen und das Gespräch auf sich selbst lenken, oder der Person zuhören und schweigen?

....

....

4. Glauben Sie, dass es falsch und unnormal ist, sich anderen überlegen oder unterlegen zu fühlen, oder halten Sie es in Anbetracht Ihrer Wunden für ganz normal?

....

....

5. Ist Ihnen bewusst, dass Sie sich defensiv verhalten, wenn Sie sich überlegen fühlen oder sich herabsetzen? Falls ja, welche Gefühle und Bedürfnisse sind es, die Ihre Verteidigungsmechanismen auslösen?

....

....

6. Akzeptieren Sie Ihr starkes Bedürfnis nach Anerkennung und äußern Sie es?

....

....

Die Wunde des Beherrschens und der Kontrolle

1. Merkmale

a) Beherrschender und Beherrschter …

- ❑ zeichnen sich beide durch eine tiefe allgemeine Unsicherheit aus.
- ❑ verbergen einen chronischen Mangel an Selbstliebe.
- ❑ haben ein enormes Bedürfnis, dass man ihnen ein Gefühl der Sicherheit vermittelt und sie anerkennt.
- ❑ sind im Grunde verletzlich und sehr sensibel.

b) Der Beherrschende …

- ❑ ist, bewusst oder unbewusst, fortwährend von der Angst durchdrungen, wieder so dominiert zu werden wie einst als Kind, Jugendlicher oder junger Erwachsener.
- ❑ verbirgt eine große psychische Unsicherheit unter dem äußeren Anschein der Stärke und Macht.
- ❑ dominiert und kontrolliert andere, um nicht wie früher selbst beherrscht zu werden.
- ❑ drängt anderen seine Meinungen, Werte und Überzeugungen auf.
- ❑ kann sehr vereinnahmend sein.
- ❑ übernimmt zahlreiche Verpflichtungen, um die Kontrolle zu behalten.
- ❑ umgibt sich mit Menschen, die sich nach seinen Spielregeln richten.
- ❑ versteht sich nur gut mit denen, die sich ihm fügen.

- ❑ kann autoritär oder verächtlich gegenüber jenen werden, die ihm die Stirn bieten und ihm widersprechen.
- ❑ verhält sich herablassend gegenüber denen, die in einer schwächeren Position sind.
- ❑ versucht, Einfluss auf Menschen zu gewinnen, die in einer starken Position sind.
- ❑ gerät aus der Fassung angesichts einer Person, die sich seiner Kontrolle entzieht.
- ❑ kann die Gefühle und Bedürfnisse anderer wie auch seine eigenen leicht abwehren und unterdrücken.
- ❑ erstickt Initiativen anderer.
- ❑ engagiert sich in übertriebener Weise, um die Macht zu behalten.
- ❑ entscheidet für andere, ohne sie vorher zurate zu ziehen, oder hält zwar Rücksprache mit ihnen, berücksichtigt ihre Meinung dann aber nicht.
- ❑ bedroht und bestraft jene, die ihm die Macht nicht überlassen wollen.
- ❑ leugnet seine Fehler und Irrtümer.

c) Der Beherrschte …

- ❑ lässt sich aus Mangel an Selbstvertrauen kontrollieren und dominieren.
- ❑ tritt nicht für seine Meinungen, Werte und Überzeugungen ein.
- ❑ lässt sich vereinnahmen.
- ❑ gehorcht dem Dominierenden, um Konflikte zu vermeiden.
- ❑ unterdrückt seinen Drang, etwas zu kreieren oder zu initiieren.
- ❑ wagt es nicht, Entscheidungen zu treffen.
- ❑ verdrängt seine Lebenskraft und seine Ressourcen, um denen, die ihn beherrschen, nicht ähnlich zu sein.
- ❑ verdrängt seine Führungsqualitäten, um nicht dominant zu sein, so wie die Verursacher seiner Wunde.

2. Ursachen

Die betroffene Person …

- ❑ wurde als Kind für Fehler und Patzer übertrieben oder ungerecht bestraft.
- ❑ hat autoritäre Eltern, die den Akzent eher auf das Einhalten von Regeln legten statt darauf, ihre Liebe zu zeigen.
- ❑ musste, um Vorwürfen zu entgehen, Verantwortung und Aufgaben übernehmen, die zu schwer für sie waren.
- ❑ gehorchte unberechtigten Forderungen.
- ❑ hat Eltern, die mit Liebesentzug reagierten, wenn sie Forderungen oder aufgezwungenen Aufgaben nicht nachkam.
- ❑ hat Eltern, die Forderungen stellten, die sie selbst nicht einhielten.
- ❑ sonstige

Das Traurigste daran ist: Falls so ein Kind sich als Erwachsener selbst zum Opfer macht und sich nicht um seine Wunde kümmert, dann kann es – wie wir gesehen haben – dieselben Charakterzüge entwickeln wie diejenigen, die sein Leid verursacht haben.

Auch hier stellt sich also wieder die Frage: Entscheiden Sie sich für die Opferrolle oder für resilientes Verhalten, also die konstruktive Auseinandersetzung mit Ihrer Wunde?

3. Weiterführende Gedanken zur Wunde des Beherrschens und der Kontrolle

a) Neigen Sie zum Kontrollieren?

1. Gibt es Menschen in Ihrem Leben, die Sie beherrschen oder kontrollieren? Wenn ja, nennen Sie sie.

....

....

2. Welche dieser Personen kontrollieren Sie am stärksten?

....

....

3. Mit welchen Mitteln kontrollieren Sie diese Person?

- ❑ Manipulation?
- ❑ Vereinnahmung?
- ❑ Drohungen?
- ❑ Vorwürfe?
- ❑ Ratschläge?
- ❑ Autoritäres Verhalten?
- ❑ Bestrafen?
- ❑ Befehle?
- ❑ Respektlosigkeit?

4. Welche Ängste hegen Sie in Bezug auf diese Person?

....

....

....

....

5. Ist Ihnen aufgefallen, dass sich Ihr kontrollierendes Verhalten ungünstig auf Ihre Beziehung zu dieser Person auswirkt?

....

....

6. Stellen Sie sich vor, wie Sie mit diesem Menschen auf neue Art in Beziehung treten könnten, ohne ihn zu beherrschen, und setzen Sie es in die Tat um.

....

....

b) Lassen Sie sich kontrollieren?

1. Sind unter Ihren persönlichen und beruflichen Kontakten Personen, von denen Sie sich kontrollieren oder beherrschen lassen? Wenn ja, welche?

....

....

2. Bei welcher dieser Personen belastet Sie das dominierende Verhalten am meisten?

....

....

3. Wie dominiert sie Sie?

....

....

4. Hat es Vorteile, dass Sie sich von diesem Menschen beherrschen lassen (z.B. Konflikte vermeiden)?

....

....

5. Wie können Sie sich aus der Kontrolle dieses Menschen befreien, ohne ihn Ihrerseits zu beherrschen?

....

....

Die Wunde des Erzeugens von Schuldgefühlen

1. Merkmale

Ein Mensch, der von dieser Wunde betroffen ist, …

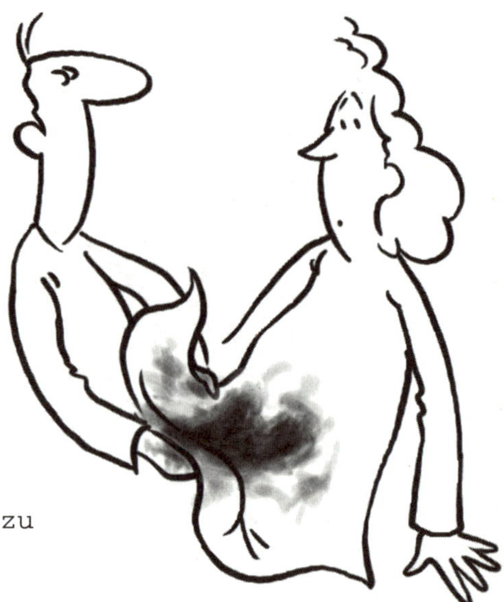

- ❑ wurde als Kind oder Jugendlicher häufig zu Unrecht dafür verantwortlich gemacht, dass es einem oder mehreren seiner Erziehungspersonen nicht gut ging.
- ❑ leidet als Erwachsener maßlos, wenn Schuldgefühle in ihm geweckt werden, das heißt, wenn er aus dem einen oder anderen Grund für etwas verantwortlich gemacht wird.
- ❑ fürchtet ständig, etwas falsch zu machen, Fehler zu begehen.
- ❑ fürchtet, zu stören und zu verletzen, weil er sich dafür verantwortlich fühlt, dass es anderen nicht gut geht, selbst wenn diese ihm nicht die Schuld daran geben und/oder er deren Leid nicht verursacht hat.
- ❑ ist schrecklich unglücklich, wenn er nicht im Einklang mit seinen Werten handelt, wie zum Beispiel, wenn er lügt, um jemandem in Not zu helfen.
- ❑ versucht zu gefallen, um bei anderen kein Unbehagen hervorzurufen, das Schuldgefühle in ihm wecken würde.

- ☐ kann sich für andere opfern und deren Leid auf sich nehmen, um sich nicht schuldig zu fühlen.
- ☐ hat ein übertriebenes Pflichtbewusstsein.
- ☐ verausgabt sich und überschreitet seine physischen und psychischen Grenzen, um sich nicht schuldig zu fühlen, zu wenig getan zu haben.
- ☐ gesteht sich keine Vergnügungen zu.
- ☐ kreiert in seinen emotionalen Beziehungen das System Richter/Schuldiger.
- ☐ verteidigt sich gegen seine Schuldgefühle durch…
  - Erzeugen von Schuldgefühlen bei anderen,
  - Bewerten und Verurteilen,
  - Selbstbestrafung,
  - Verdrängung,
  - Schweigen,
  - Rationalisieren.

- ☐ erniedrigt sich, um sich nicht schuldig fühlen zu müssen, weil er Neid oder Minderwertigkeitsgefühle bei Menschen seines Umfelds erweckt.
- ☐ versucht zu tun, was die anderen wollen, oder sogar ihre Wünsche zu erraten, um hinterher nicht das Gefühl zu haben, er hätte etwas falsch gemacht.
- ☐ kann eine gewisse Kontrolle über andere ausüben, mit dem einzigen Ziel, dass seine Wunde der Schuldgefühle nicht wieder aktiviert wird.
- ☐ hat ein starkes Bedürfnis, beruhigt und geliebt zu werden.
- ☐ hat das Bedürfnis, sich von der Last der Verantwortung für die Schwierigkeiten und das Unbehagen anderer zu befreien, die er als Bürde empfindet.

2. Ursachen

Kreuzen Sie an, welche Ursache für Sie gilt:

- ❑ religiöse Kultur,
- ❑ moralisierende Eltern oder Lehrer,
- ❑ Erzieher, die sich zum Richter aufschwingen,
- ❑ Erziehungspersonen, die ständig Vorwürfe machen und kritisieren,
- ❑ Erzieher, die Kinder dafür verantwortlich machen, dass es ihnen nicht gut geht und dass ihre Bedürfnisse nicht erfüllt werden,
- ❑ perfektionistische Eltern, die von ihren Kindern Vollkommenheit erwarten,
- ❑ Eltern, die die Opferrolle einnehmen und über alles klagen, sich selbst bemitleiden und Tränen einsetzen, um Schuldgefühle zu erzeugen,
- ❑ Eltern, die eher Mitleid als Liebe wecken,
- ❑ sonstige.

Fragen Sie sich auch hier: Möchten Sie die Opferrolle einnehmen oder die des resilienten Menschen? Wenn Sie sich für Resilienz entscheiden, um mit dieser Wunde zurechtzukommen, dann schlage ich Ihnen vor, in den nächsten Tagen einmal darauf zu achten, auf welche Art und Weise Sie sich verteidigen, wenn diese Wunde sich bemerkbar macht.

3. Weiterführende Gedanken zur Wunde des Erzeugens von Schuldgefühlen

1. Haben Sie übertriebene Schuldgefühle, wenn Sie unbeabsichtigt bei anderen Missbehagen auslösen oder ihnen Schwierigkeiten bereiten?

❑ Ja ❑ Nein

2. Neigen Sie dazu, die eigenen Bedürfnisse zu verdrängen,…

- um die Bedürfnisse anderer zu erfüllen?

❑ Ja ❑ Nein

- um die anderen nicht zu stören?

❑ Ja ❑ Nein

- um keine Konflikte heraufzubeschwören?

❑ Ja ❑ Nein

- damit Sie jemand anderem keinen Schmerz bereiten?

❑ Ja ❑ Nein

3. Haben Sie das Gefühl, Sie seien verantwortlich dafür, dass Menschen in Ihrem Umfeld leiden? Setzen Sie tendenziell alles in Bewegung, damit es diesen (wieder) gut geht?

❑ Ja ❑ Nein

4. Machen Sie sich häufig im Nachhinein Vorwürfe wegen Ihrer Äußerungen oder Ihres Verhaltens?

❑ Ja ❑ Nein

5. Geben Sie anderen die Schuld, wenn Sie frustriert oder verärgert sind?

❑ Ja ❑ Nein

6. Rufen Sie sich eine Beziehungssituation ins Gedächtnis, die Sie verletzt hat, und machen Sie sich bewusst, wie Sie reagieren:

❑ Sie fühlen sich für den Unmut des anderen verantwortlich und machen sich Vorwürfe.

❑ Sie machen den anderen für Ihre unangenehmen Gefühle und für Ihre nicht befriedigten Bedürfnisse verantwortlich.

7. Überlegen Sie sich nun einen Mittelweg zwischen Selbstverurteilung und dem Verurteilen Ihres Gegenübers, um diese Beziehungsschwierigkeit zu lösen.

....

....

Die Wunde der Demütigung

1. Merkmale

Die Wunde der Demütigung und die des Erzeugens von Schuldgefühlen sind wie siamesische Zwillinge. Wenn Ihnen die eine zugefügt wurde, ist es sehr wahrscheinlich, dass Sie auch von der anderen betroffen sind. Während die durch das Hervorrufen von Schuldgefühlen verursachte Verletzung den Bereich des »Tuns« betrifft, ist es bei der Wunde der Demütigung der des »Seins«. Im ersten Fall hat die betroffene Person Schuldgefühle, weil sie etwas Falsches »getan« hat bzw. »getan« zu haben meint, während sie im zweiten Fall das nicht mag, was sie »ist«.

Ein gedemütigter Mensch …

- ❑ leidet erheblich, weil er sich seiner selbst schämt und fortwährend von dieser Scham gepeinigt wird.
- ❑ ist davon überzeugt, er sei innerlich schlecht, schmutzig, hässlich, selbst wenn er beruflich oder privat sehr erfolgreich ist.
- ❑ handelt mitunter auf eine Weise, die seinem Wesen widerspricht, um das zu verbergen, was seiner Überzeugung nach schlecht an ihm ist.

- ❑ klammert sich an seine Leistungen und Erfolge als Ausgleich für seine vermeintliche innere Hässlichkeit.
- ❑ spaltet das, was er Außergewöhnliches tut, von dem ab, was er ist.
- ❑ akzeptiert nur mit Mühe jegliche Form der Dankbarkeit.
- ❑ fürchtet ständig, als böse angesehen zu werden.
- ❑ verfällt in Depression, Entmutigung bis hin zu Suizidgedanken, wenn er eine Niederlage im beruflichen oder persönlichen Bereich hinnehmen muss, denn diese bestätigt ihm seine vermeintliche innere Hässlichkeit.
- ❑ hält sich für nicht liebenswert.
- ❑ denkt, wenn ihn jemand liebt, dann nur deswegen, weil diese Person ihn nicht richtig kennt.
- ❑ liebt sich selbst natürlich überhaupt nicht.
- ❑ empfindet tiefe Scham wegen seiner Gefühle und Wünsche und ist seiner Überzeugung nach unwürdig, überhaupt Bedürfnisse zu haben.
- ❑ ist nicht authentisch, weil sein Gefühl der Beschämung ihn daran hindert, er selbst zu sein.
- ❑ liegt in ständigem Kampf gegen sich selbst.
- ❑ hat ein sehr tief greifendes Bedürfnis, so, wie er ist, akzeptiert, geliebt und anerkannt zu werden, doch dieses Bedürfnis wird nicht erfüllt, weil er sein wahres Wesen versteckt.

- hat schreckliche Angst davor, in dem, was er ist, bewertet, kritisiert, gar lächerlich gemacht zu werden, denn dies würde sein unerträgliches Gefühl bestätigen, innerlich hässlich zu sein.
- entwirft sich eine Persönlichkeit, die dem Gegenteil dessen entspricht, was er zu sein glaubt (großzügig, verfügbar, freundlich), nicht, um zu beweisen, dass er ein guter Mensch ist, sondern um das »Schlechte« zu verbergen, das er zu »sein« glaubt.
- hat eine verzerrte Wahrnehmung seiner selbst, die daher rührt, dass ihm während seiner Kindheit und Jugend wiederholt negative Eigenschaften unterstellt wurden.
- verteidigt sich gegen seine Schamgefühle durch Perfektionismus, Rückzug, zwanghaftes Arbeiten, Selbstverleugnung, Verdrängung, Lügen, Sarkasmus und Ironie.
- wagt es nicht, sich seinem Innenleben zuzuwenden, weil er meint, es sei monströs.
- fürchtet Auseinandersetzungen, weil er davon überzeugt ist, dass er in einer Konfliktsituation als »der Böse« wahrgenommen würde.
- zeichnet sich durch eine Sensibilität, Tiefe und von Herzen kommende Großzügigkeit aus, die ihm oft nicht bewusst ist.

2. Ursachen

Ein Kind vor seiner Familie, Freunden seiner Eltern oder seinen eigenen Freunden zu erniedrigen oder zu beschämen bedeutet, es mitten ins Herz zu treffen. Wer sind also diese gedemütigten Kinder? Es sind:

- ❑ Kinder, die für das, was sie sind, vor anderen erniedrigt werden.
- ❑ Kinder, die wiederholt durch negative Attribute charakterisiert werden.
- ❑ Kinder, die von ihren Erziehungs- oder Bezugspersonen – immer vor anderen – kritisiert, herabgesetzt, verspottet werden.
- ❑ Kinder, die gedemütigt werden, weil sie nicht den Erwartungen ihrer Eltern oder Lehrer entsprechen.
- ❑ Kinder, die so, wie sie sind, nicht angenommen werden (z.B. ein künstlerisch begabtes Kind, das von einem sachlich-rationalen Vater nicht akzeptiert wird).

- ❑ Kinder, die von anderen Kindern lächerlich gemacht werden, weil sie anders sind, z.B. weinen, schlecht in der Schule sind, Übergewicht haben oder sich in Kleidung und Frisur von den anderen unterscheiden.
- ❑ Kinder, deren Gefühle und Bedürfnisse verhöhnt und missachtet wurden.
- ❑ Kinder, die sonstige Erfahrungen des vor anderen Beschämtwerdens gemacht haben.

Scham ist wahrscheinlich das Gefühl, das von allen am schwersten zu ertragen ist, denn ein schamerfüllter Mensch geht jahrelang mit einem Loch im Herzen durchs Leben. Wir können gut nachvollziehen, dass jemand, der davon betroffen ist, in Bezug auf seine Vergangenheit in die Opferrolle verfällt, aber dennoch: Solange er daran festhält, hält er sein Unglück wach. Nur indem er sich für Resilienz entscheidet, kann er eine dunkle Vergangenheit in eine leuchtende Gegenwart und Zukunft verwandeln.

Wofür entscheiden Sie sich?

3. Weiterführende Gedanken zur Wunde der Demütigung

1. Schämen Sie sich für einen Teil Ihrer selbst? Falls ja, für welchen?

....

....

....

2. Können Sie sich an eine Situation Ihrer Kindheit, Ihrer Teenager-Zeit oder Ihres jungen Erwachsenenalters erinnern, in der Sie so gedemütigt wurden, dass Sie über alle Maßen darunter gelitten haben?

....

....

....

3. Von wem wurden Sie Ihrem Empfinden nach am meisten gedemütigt? Von Ihrem Vater? Ihrer Mutter? Ihrer Schwester? Ihrem Bruder? Einem Freund? Einem Lehrer? Der Großmutter? Dem Großvater?

....

....

....

4. Schreiben Sie einen Brief an diese Person. Teilen Sie ihr alles mit, was Sie in jenem Moment verdrängt haben, insbesondere Ihre Gefühle. Sagen Sie ihr, wie negativ sich diese Situation auf Ihr Leben ausgewirkt hat. (Das Ziel des Briefes besteht darin, dass Sie erkennen und verstehen, was dieses Erlebnis in Ihnen ausgelöst hat, und sich von Ihren Verdrängungen befreien.) Äußern Sie der Person gegenüber Ihre Bedürfnisse (Angenommenwerden, Liebe, Respekt). Nennen Sie nun die positiven Auswirkungen, die diese vergangene Erfahrung auf Ihr heutiges Leben hat. Danken Sie der Person zum Schluss aufrichtig und sagen Sie ihr, inwiefern sie zu Ihrer persönlichen Entwicklung beigetragen hat.

....

....

....

....

5. Schicken Sie diesen Brief nicht ab, sondern verbrennen Sie ihn als Symbol der Reinigung und der inneren Transformation.

6. Wenn Sie dazu bereit sind und das Bedürfnis haben, verabreden Sie sich mit der betreffenden Person, um mit ihr zu sprechen. Halten Sie sich dabei nicht zu lange bei den Fakten auf, verfallen Sie nicht in Anklagen, Beschuldigungen oder Zurechtweisungen.

Die Wunde des Vertrauensbruchs

1. Merkmale

Es besteht insofern eine Verbindung zwischen dieser Wunde und der Wunde des Verlassenwerdens, als jemand, dessen Vertrauen missbraucht wurde, sich ebenfalls vernachlässigt und verlassen fühlt.

Solch ein Mensch …

- ❑ zeichnet sich durch eine Mischung aus Misstrauen und Naivität aus.
- ❑ traut weder seinen Empfindungen noch der eigenen Intuition.
- ❑ hat ein eingeschränktes Urteilsvermögen.
- ❑ lässt sich unter Umständen manipulieren und beeinflussen, um geliebt, wertgeschätzt und akzeptiert zu werden.
- ❑ kann sich aus der Angst heraus, enttäuscht und verraten zu werden, zurückweisend und verächtlich verhalten.
- ❑ respektiert die eigenen physischen, psychischen und territorialen Grenzen nicht.
- ❑ hat wenig Selbstvertrauen.
- ❑ begeht Verrat an sich selbst, indem er nicht auf seine innere Stimme, seine Intuition hört.

- konzentriert sich entweder übermäßig auf die Bedürfnisse, Reaktionen und Sorgen der anderen oder geht überhaupt nicht auf sie ein.
- hat einmal oder mehrmals die einschneidende Erfahrung gemacht, enttäuscht und verraten zu werden.
- ist, wenn er verraten wurde, erfüllt von …
  - einer tiefen Unsicherheit in Bezug auf das Leben im Allgemeinen,
  - Unsicherheit in emotionalen Beziehungen,
  - Verbitterung,
  - Schmerz und Zorn, die nur zu oft verdrängt werden,
  - einer fundamentalen Traurigkeit, die sein ganzes Leben oder zumindest einen Teil davon durchzieht, je nachdem, ob sie angenommen wird oder nicht,
  - der Angst, erneut betrogen und ausgenutzt zu werden,
  - Angst, sich offen preiszugeben,
  - Zweifeln.
- wehrt sich gegen seine Gefühle, indem er auf Rache sinnt und sich gegen die Auslöser seines Leids zu verbünden versucht.
- hat ein starkes Bedürfnis, sich mit vertrauenswürdigen Personen zu umgeben.

2. Ursachen

Ein Mensch, dessen Vertrauen enttäuscht wurde, hat eine oder mehrere Erfahrungen wie diese gemacht:

- ❑ ungerechte oder im Verhältnis zum Vergehen maßlose Bestrafung,
- ❑ nicht eingehaltene Versprechen,
- ❑ andere, insbesondere Freunde oder Geschwister, die sich gegen ihn verschworen haben,
- ❑ nicht eingehaltene Verpflichtungen ihm gegenüber,
- ❑ Verwendung vertraulicher Mitteilungen gegen ihn,
- ❑ hinter seinem Rücken geäußerte Kritik,
- ❑ eine oder mehrere Liebesgeschichten, in denen er betrogen wurde,
- ❑ belogen werden,
- ❑ Heimlichkeiten und Unausgesprochenes,
- ❑ einmaliger oder wiederholter sexueller Missbrauch,
- ❑ nicht authentische Persönlichkeit eines Elternteils,
- ❑ wiederholter Selbstbetrug (z.B. indem er Anzeichen, dass der Partner/die Partnerin ihn betrügt, umdeutet, um den Konflikt zu vermeiden und keine Konsequenzen ziehen zu müssen),
- ❑ sonstige.

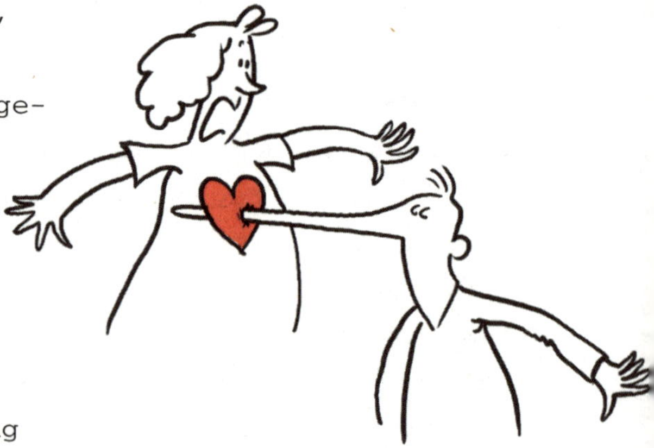

Wenn es eine Wunde gibt, die die Opferrolle rechtfertigt, dann die des Vertrauensbruchs. Aber dennoch: Wenn Sie verraten und enttäuscht wurden und sich wegen Ihres Schicksals bemitleiden, schaffen Sie sich ein Gefängnis, dessen einziger Wärter Sie selbst sind. Sie nähren damit Ihren Mangel an Selbstliebe und ziehen dadurch weiteren Vertrauensbruch in Ihr Leben. Wenn Sie dagegen Ihre Bedürfnisse nach Liebe, Sicherheit und Authentizität annehmen und sich darum kümmern, wenn Sie sich mit zuverlässigen, wahrhaftigen und liebevollen Menschen umgeben können, dann werden Sie aus den Erfahrungen der Vergangenheit voller Frieden und Gelassenheit hervorgehen.

3. Weiterführende Gedanken zur Wunde des Vertrauensbruchs

1. Sind Sie von dieser Wunde betroffen?

   ❑ Ja ❑ Nein

2. Fürchten Sie, enttäuscht und betrogen zu werden?

   ❑ Ja ❑ Nein

3. Haben Sie Angst, dass man Sie hinter Ihrem Rücken kritisiert?

   ❑ Ja ❑ Nein

4. Fürchten Sie, dass man Ihre vertraulichen Mitteilungen preisgibt?

❑ Ja ❑ Nein

5. Haben Sie Angst, dass Ihre vertraulichen Geständnisse gegen Sie verwendet werden?

❑ Ja ❑ Nein

6. Sind Sie misstrauisch?

❑ Ja ❑ Nein

7. Sind Sie anderen gegenüber naiv und blauäugig, weil Sie Ihren eigenen Wahrnehmungen nicht trauen?

❑ Ja ❑ Nein

8. Kommt es vor, dass Sie sich selbst betrügen, also Ihre Gefühle, Bedürfnisse und Grenzen leugnen, …

- um geliebt zu werden? ❑ Ja ❑ Nein
- aus Angst, dass Ihnen sonst wehgetan wird? ❑ Ja ❑ Nein
- weil Sie unsicher sind, was Sie empfinden? ❑ Ja ❑ Nein

9. Kommt es vor, dass Sie andere enttäuschen und verraten? Ist Ihnen bewusst, dass Sie jedes Mal, wenn Sie jemanden in dessen Abwesenheit kritisieren, wenn Sie sich gegen ihn verbünden oder weder Ihre Versprechen noch Ihre Verpflichtungen ihm gegenüber einhalten, ihn ohne triftigen Grund verraten?

❑ Ja ❑ Nein

Die Wunde der Abwertung und der fehlenden Wertschätzung

1. Merkmale

Während Demütigung Scham hervorruft, verursachen Abwertung und fehlende Wertschätzung in einem Menschen das schwer zu ertragende Gefühl, gar nicht zu existieren, in den Augen anderer vollkommen unwichtig, NICHTS zu sein. Die Worte WICHTIGKEIT und EXISTENT SEIN sind die Schlüsselbegriffe für diese Wunde.

Darum ...

- hat die Person, die an dieser Wunde leidet, das unerträgliche Gefühl, absolut wertlos zu sein.
- empfindet sie das tiefe Bedürfnis, wichtig und in den Augen anderer existent zu sein.

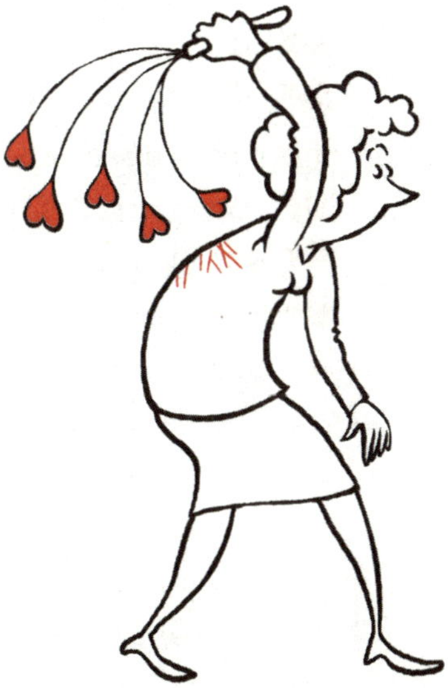

- tut sie alles, damit man ihr Bedeutung zumisst, indem…
  - sie nach Perfektion strebt oder eine Persönlichkeit kultiviert, die sich durch Perfektionismus auszeichnet.
  - sie ohne Unterlass arbeitet, um anerkannt zu werden.
  - sie versucht, andere zu beeindrucken, um gesehen zu werden.
  - sie versucht, ihren Wert unter Beweis zu stellen, um das Gefühl zu haben, dass sie wirklich existiert.
  - sie anderen ihre Hilfe ohne jegliche Einschränkung anbietet, um für sie wichtig zu sein.
- identifiziert sich die betroffene Person stark mit Dingen, die ihr Wert verleihen könnten, z.B.…
  - mit ihren materiellen Gütern,
  - mit ihrem gesellschaftlichen Status,
  - mit ihrer politischen Meinung,
  - mit ihrer religiösen Weltanschauung,
  - mit ihrem Wissen,
  - mit ihren Abschlüssen und Zeugnissen,
  - mit ihrem Beruf,
  - mit ihren Leistungen,
  - mit ihren Erfolgen,
  - mit ihren Krankheiten.
- glaubt sie unbewusst, das zu sein, womit sie sich identifiziert hat; daher macht es sie sehr unglücklich, wenn das, womit sie sich identifiziert, kritisiert, abgelehnt oder gleichgültig hingenommen wird.
- kultiviert sie das Gefühl, sie müsse stets kämpfen, um ihren Platz im Leben einzunehmen.

- ist sie in ihren Handlungen und Reaktionen nicht von dem Wunsch motiviert, die Beste zu sein, sondern von dem Bedürfnis, wichtig und für andere existent zu sein.
- erwartet sie fortwährend, anerkannt, bestätigt und bemerkt zu werden.
- findet sie ihren Wert darin, dass andere ihre Meinungen, Leistungen, ihr Aussehen, ihre Besitztümer, ihre gesellschaftliche Stellung oder ihre Kenntnisse anerkennen und würdigen.
- ist sie voller Selbstzweifel.
- neigt sie dazu, sich zu disqualifizieren, zu erniedrigen, klein zu machen – oder aber ins Gegenteil zu verfallen und sich zu loben und beweisen zu wollen, dass sie einen Wert hat –, allerdings ohne sich dabei unbedingt mit anderen zu vergleichen, wie es jemand mit der Wunde des Vergleichens täte.
- glaubt sie, wenn sie von anderen gesehen und anerkannt wird, sei sie wichtig und existent; wenn nicht, sei sie es nicht.
- fühlt sie sich paradoxerweise dann aber schuldig, wenn sie Aufmerksamkeit erhält.
- ist sie der Belastung einer besonders schmerzhaften Wunde ausgesetzt, denn diese rührt an ihre Existenz: Sein oder nicht sein.
- hat sie frühere Erfahrungen der Abwertung, der fehlenden Wertschätzung oder der Gleichgültigkeit durchlebt, die ihr innerstes Selbst erheblich beeinträchtigt haben.
- wird Ihr Gefühl der Wertlosigkeit leicht ausgelöst durch …
  - Narzissten,
  - »überlegene« Personen oder Menschen, die als solche auftreten,

- Angeber,
- Menschen, die ihr keine Bedeutung beimessen,
- Egozentriker.

❑ ist sie von anderen abhängig, um das Gefühl zu haben, sie existiere.

❑ braucht sie Hilfe von außen, um sich seelisch »wieder aufzubauen«.

❑ führt es im Allgemeinen zu keiner Besserung, wenn der oder die Helfende sich verhält wie ein…
- Narzisst (von sich spricht),
- Lehrer (erklärt und belehrt),
- Retter (»gute« Ratschläge erteilt),
- Analytiker (sich auf eine rationale Herangehensweise konzentriert).

❑ sind ihre Verteidigungsmechanismen…
- Argumentieren,
- das Bedürfnis, zu beweisen, dass sie recht hat,
- Angeberei,
- Perfektionismus,
- Rückzug,
- Schweigen,
- »dicht machen«, sich verschließen,
- Lügen,
- auf Kosten ihrer selbst anderen nützlich sein,
- Kritik,
- Ablehnung,
- Lästern, Schlechtmachen,
- geheuchelte Gleichgültigkeit.

- ist sie erfüllt von…
  - Traurigkeit,
  - Scham wegen ihres grenzenlosen Bedürfnisses nach Liebe und Anerkennung,
  - Verbitterung,
  - Angst, etwas falsch zu machen,
  - Angst, zu enttäuschen,
  - Schmerz,
  - Wut.
- hat sie ein enormes Bedürfnis nach Aufmerksamkeit und weiß nicht, wie es befriedigt werden kann.
- sehnt sie sich danach, wertgeschätzt, anerkannt und vor allem angehört zu werden. Das äußert sie aber nicht direkt, sondern durch Taten und Worte, die jedoch genau das Gegenteil von dem anziehen, wonach sie strebt.

2. Ursachen

a) Eltern oder Lehrer, die sich durch eine gewisse Gleichgültigkeit gegenüber dem, was das Kind tut oder sagt, auszeichnen

b) Erzieher, die das Kind in dem, was es tut und ist, abwerten

c) Erziehungs- oder Bezugspersonen, die im Verhalten oder Wesen des Kindes nur das Negative sehen und hervorheben

d) Eltern, die Perfektion erwarten, die ihr Kind wie ein Objekt benutzen und dessen Erfolge als Trophäe nehmen, um sich selbst aufzuwerten und ihr eigenes Image aufzupolieren

e) Eltern, die wollen, dass ihre Kinder an ihrer Stelle Träume verwirklichen, die sie selbst nicht realisieren konnten (selbst wenn dies in der guten Absicht geschieht, ihrem Nachwuchs Chancen zu eröffnen, die sie selbst nie hatten)

f) Eltern, die zu sehr mit ihrer Arbeit oder ihren Problemen beschäftigt sind, um ihren Kindern echte »Quality Time« und Aufmerksamkeit zu widmen und ihnen zuzuhören

Sie erschaffen sich selbst mit Ihren Wahrnehmungen und Auffassungen. Heute haben Sie die Wahl: Entweder Sie nähren Ihre abwertenden Wahrnehmungen in Bezug auf die Vergangenheit oder Sie »bauen sich wieder auf«, indem Sie den Blick auf positive Wirklichkeiten lenken, die ändern können, wie Sie sich selbst und das Leben wahrnehmen.

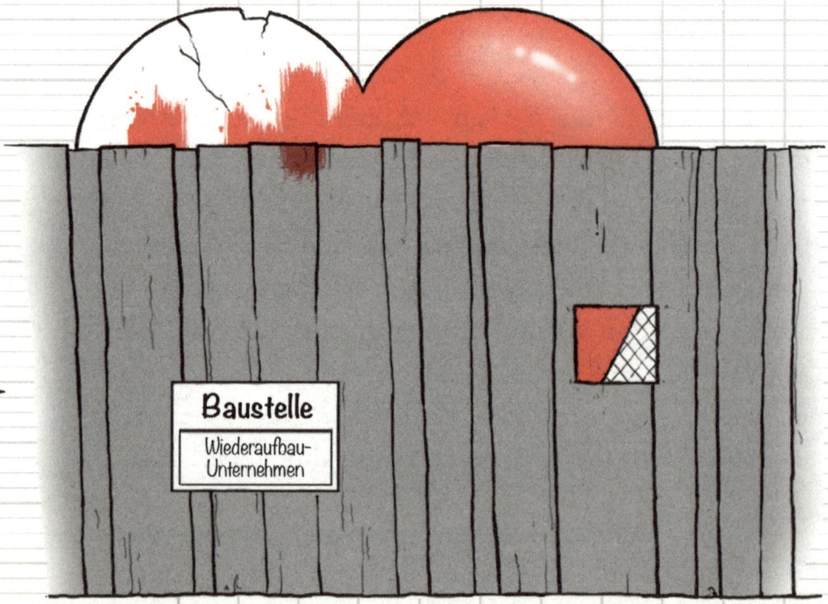

Wofür entscheiden Sie sich?

1. Sind Sie von dieser Wunde betroffen?

   ❑ Ja ❑ Nein

2. Stellen Sie sich vor, Sie nähmen an einer Schulung teil. 3 Personen äußern sich häufig und ziehen die Aufmerksamkeit und das Interesse des Seminarleiters auf sich. Was empfinden Sie? Wie reagieren Sie?

   ....

   ....

3. Haben Sie oft den Eindruck, für andere nicht wichtig zu sein?

   ❑ Ja ❑ Nein

4. Erwarten Sie von den Menschen Ihrer Umgebung, dass sie Sie anerkennen und Ihnen das Gefühl vermitteln, zu existieren?

   ❑ Ja ❑ Nein

5. Fällt es Ihnen schwer, Ihren Platz im Leben einzunehmen?

   ❑ Ja ❑ Nein

6. Wenn ja, was könnten Sie tun, um Ihr Bedürfnis, in den Augen der anderen und vor allem in Ihren eigenen Augen wichtig zu sein, selbst in die Hand zu nehmen?

   ....

   ....

Zum Schluss

Mit dieser Wunde, die an die Existenz des betroffenen Menschen selbst rührt, beenden wir unseren Parcours über das Thema der seelischen Verletzungen. Zählen Sie abschließend noch einmal die Wunden auf, die Ihnen in Ihren emotionalen Beziehungen am meisten zu schaffen machen.

....

....

....

....

....

....

....

....

....

....

....

....

....

Sie sind sich nun Ihrer seelischen Wunde(n) bewusst und haben ein tieferes Verständnis für ihre Ursachen und Auswirkungen auf Ihr gegenwärtiges Leben entwickelt. Damit haben Sie den ersten und wichtigsten Schritt zur Heilung getan. Sollte sich herausstellen, dass Sie von allen in diesem Übungsheft erläuterten psychischen Verletzungen betroffen sind, dann seien Sie nicht bekümmert oder entmutigt! Denken Sie immer daran (ich wiederhole es noch einmal): Je mehr Wunden Sie haben, umso mehr Ressourcen besitzen Sie auch, um sich ein glückliches Leben aufzubauen!
Welche Ressourcen Ihnen zur Verfügung stehen und wie Sie die einzelnen Schritte im Prozess zur Heilung Ihrer psychischen Verletzungen praktisch umsetzen können, erfahren Sie in dem kleinen Übungsheft »Seelische Wunden heilen«. Ich wünsche Ihnen viel Erfolg auf Ihrem Weg zur inneren Befreiung von den Folgen seelischer Traumata!